Bleu sur blanc

De la même auteure

FICTION

Les Crus de l'Esplanade, Prise de parole, 1998. Finaliste, Prix Trillium.

La Bicyclette, Prise de parole, 1997.

La Soupe, Prise de parole et Triptyque, 1995. Grand Prix du Salon du livre de Toronto.

Conversations dans l'Interzone, avec Paul Savoie, Prise de parole, 1995.

Le Bonheur de la chambre noire, Hurtubise, 1993; deuxième édition, (Belgique), Gamma-Fleurus, 1996.

L'Homme-papier, Éditions du remue-ménage, 1992.

Courts Métrages et Instantanés, Prise de parole, 1991.

L'Autrement pareille, Prise de parole, 1984.

De mémoire de femme, Quinze, 1982. Prix du *Journal de Montréal*. Épuisé.

NON-FICTION

Paroles rebelles, avec Christine Klein-Lataud (dir.), Éditions du remue-ménage, 1992.

Mother was not a person, (dir.), Content Publishing, 1972; deuxième édition, Black Rose, 1975.

Mécanismes structuraux, avec Huguette Uguay, Centre de Psychologie et de pédagogie, 1967.

Paul Claudel et l'Allemagne, Presses de l'Université d'Ottawa, 1965.

TRADUCTIONS

Palu, Louie and Charlie Angus, *Industrial Cathedrals of the North/Cathédrales industrielles du Nord.* (trad.), Prise de parole et Between the Lines, 1999.

La rédaction de cet ouvrage a été rendue possible grâce à une subvention du Conseil des Arts de l'Ontario.

Marguerite Andersen est reconnaissante à M. Abderrahman Ayoub, des Éditions L'Or du Temps (Tunis), qui, lors d'une rencontre au Salon du livre de Toronto 1998, lui a suggéré d'écrire un livre sur son expérience tunisienne.

Soixante exemplaires de cet ouvrage ont été numérotés et signés par l'auteure.

Marguerite Andersen

Bleu sur blanc

Prose poétique

Prise de parole
Sudbury
2000

10/60

M. Andersen

Données de catalogage avant publication (Canada)
Andersen, Marguerite, date
    Bleu sur blanc

Poèmes.
ISBN 2-89423-118-0

I. Titre.

PS8551.N297B54   2000   C841'.54   C00-932102-0
PQ3919.2.A55B54   2000

En distribution au Québec: Diffusion Prologue

    1650, boul. Lionel-Bertrand
    Boisbriand (Qc) J7H 1N7
    (450) 434-0306

PRISE
DE
PAROLE

Prise de parole se veut animatrice des arts littéraires en Ontario français; elle se met donc au service des créatrices et créateurs littéraires franco-ontariens.

La maison bénéficie de l'appui du Conseil des Arts de l'Ontario, du Conseil des Arts du Canada, de Patrimoine Canada (Programme d'appui aux langues officielles et Programme d'aide à l'industrie de l'édition) et de la Ville de Sudbury.

Photographie en page de couverture: Marianne Cramer Vos, 1955.
Conception de la couverture: Arash Mohtashami-Maali
Photographie de l'auteure: Tinnish

ISBN 2-89423-118-0

«Je vivais là» relance le rêve.
Nicole Brossard

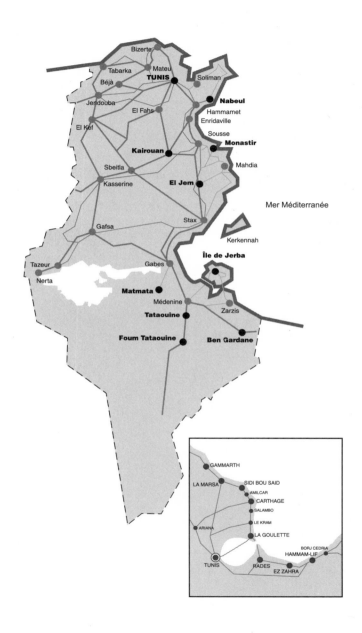

Conversation avec É., ma petite-fille

— Enfin tu as décidé d'écrire sur cette étape de ta vie, l'étape tunisienne!
— Sept ans de ma vie, de 1946 à 1953.
— Cela n'a pas toujours été parfait.
— Non.
— Vas-tu parler de ta tristesse, de ton manque de bonheur, de ta solitude?
— Non. Il y a tellement de livres qui parlent des amours floués. Avec ce texte, je veux célébrer ce qui reste en moi, aujourd'hui, de la Tunisie.
— Les couleurs, les sons, les parfums?
— Oui. Essentiellement.
— Pas de faits, de détails...
— ...plus concrets? Quelques-uns peut-être. Pour donner une sorte de cadre, de toile de fond...
— ...à la beauté?
— La joie. Tu sais, l'échec conjugal m'a probablement poussée à me réjouir davantage devant, oui, la beauté.
— Elle a essuyé tes larmes.
— Là, on frôle le mélodrame.
— Il faut à tout prix l'éviter?
— Tu sais, c'est simple. Pense à l'hiver canadien: la neige blanche d'un jour d'hiver ensoleillé fait oublier toute la grisaille, la *slush*...
— Les moments de laideur, la mélancolie, s'effacent devant le lumineux.
— Oui...
— Tu hésites.

– Peut-être ai-je simplement eu de la chance, la chance d'être née visuelle, non, plus que ça, sensuelle.

– Pourtant, la réflexion compte beaucoup pour toi.

– Bien sûr. Mais, ah! s'il n'y avait eu que cela, j'aurais été tentée de me suicider.

– À Tunis?

– Voir Tunis la Blanche et mourir, ça aurait été beau, non?

– Tu avais à peine vingt ans.

– C'est vrai. Et puis tu n'aurais pas existé.

– Maintenant c'est moi qui ai vingt ans.

– Et moi qui ne les ai plus. Alors, revoir la Tunisie et mourir? Au fond, ce ne serait pas pire non plus, comme on dit ici.

– Pas de mélodrame, Marguerite!

– La revivre alors. Puis on verra.

Nous tous
chassés
au loin
exilés
parfois un coup d'œil rapide sur les
paradis perdus
l'enfance
puis la Tunisie
paradis terrestre
clair et simple
bleu sur blanc

Écrire Tunis dans l'absence. Autrement dit, vivre le mirage. S'en approcher dans la crainte qu'il ne s'évanouisse.

Faut-il pour y retourner entreprendre un vrai voyage? Avion, escale, avion encore, passeport, bureau de change, taxi, hôtel, guide touristique et ainsi de suite jusqu'au retour? Je ne crois pas. Je veux me laisser aller, me souvenir, chiner les lambeaux, buter au hasard contre les bribes de la mémoire.

Si je pouvais ciseler mon texte aussi finement que le dinandier qui dessine en les martelant des figures orthogonales sur un plateau de cuivre... être aussi sûre de ma main que le bijoutier qui travaille le lourd bracelet d'argent... Si je pouvais, tel l'orfèvre qui fabrique le collier se terminant par une *khumsa**, enchaîner en les aplatissant les anneaux de ma vie, sans pour autant les aplatir...

Je voudrais m'asseoir à côté de l'artisan du souk En-nhas, ne plus bouger, apprendre, suivre son rythme, trouver le mien.

---

* Les mots en italiques sont définis dans un glossaire à la fin du livre.

À Toujane, village ocre contre le flanc d'une montagne ocre elle aussi, la femme berbère tisse des châles de laine bleue sur son métier vertical. Plus je lave celui qui recouvre maintenant ma table de travail, plus ses blancs motifs géométriques montent à la surface.

La distance entre elle et moi est immense, insaisissable comme le temps. Reste l'objet, point de repère qui, tel un tapis magique, me permet de survoler le passé.

À vrai dire, c'est en Tunisie que tout a
commencé
l'exil
oui
et le ravissement
les cris de la rue
dans une langue si nouvelle pour moi
le français de la vie quotidienne
le marché
quotidien lui aussi
les enfants
l'amour
des couleurs délavées
des odeurs douces ou pimentées
l'intérêt pour l'architecture
le regard
toujours à nouveau
fasciné par les oliveraies
leur disposition régulière
brodée dans le sol
le plaisir de faire la cuisine
de travailler dans le jardin
d'y cueillir une figue fraîche tôt le matin
dans le silence
alors que les enfants dorment encore
d'éplucher une grenade ou deux
dessert pour le repas du soir
la passion des fruits
le besoin des plages
du sable caressant la plante des pieds

TUNIS MÊME

Je suis arrivée à Tunis en février 1946.
Enceinte. Fatiguée du mal de mer, fatiguée de
mon adolescence allemande passée à Berlin, en
temps de guerre, en temps nazi. J'avais
rencontré un Français, jeune officier, j'allais
l'épouser... L'amour? Au fond, je m'échappais,
personne déplacée parmi tant d'autres.

Lentement, le bateau progresse le long du canal
de la Goulette. Je ne suis plus malade. Au loin
une montagne. Il pleut une pluie fine. J'attends
je ne sais quoi.

C'est le lendemain matin que je me découvre
en terre étrangère, nord-africaine. Me voilà
détachée de tout ce que je connais. Le
déracinement entrepris par ma mère dès la
montée du national-socialisme a porté fruit:
Jamais plus je n'irai vivre en Allemagne.

Debout sur le balcon d'un appartement au 43,
rue de Bretagne, aux confins de la Petite Sicile,
je vois, à droite, un terrain vague. Des hommes
y sont assis par terre, en cercle. Burnous de
laine. Visages cachés par les capuchons. Une
chéchia, seul point de couleur vive. J'entends
qu'ils se parlent, je ne saisis pas ce qu'ils
disent. Voix d'hommes, voix arabes. Ombres et
soleil levant.
Si j'avais été peintre, photographe, poète...
Je n'étais qu'une toute jeune femme à peine
ouverte à la vie.

La parenté avec l'Afrique avait commencé bien
plus tôt
Abokobi
village ghanéen
lieu de naissance de mon père
au surnom africain de Kwabla
qui me contait des histoires au moment du
coucher
et fut enthousiaste chaque fois que
plus tard
je m'embarquais
nomade
jamais touriste
Tunisie
Éthiopie
trois enfants nés en terre africaine

Je me suis mariée le 23 février 1946, à contrecœur. Aujourd'hui encore, je retrouverais sans peine le bâtiment où se trouvait le Bureau de l'État-civil, avenue de Carthage. Devant l'édifice, un petit square agrémenté de trois ou quatre palmiers.

Il m'est difficile de penser à la Tunisie sans évoquer ce mariage sans bonheur. Mais «on ne reconnaît du souvenir que ce qu'on en écrit[1]». Mon fils naîtra en juin, dans la Clinique Saint-Augustin. Deux ans plus tard, au même endroit, naîtra le deuxième.

Nous vivrons en français que, grâce à ma mère encore, j'apprenais depuis l'âge de quatre ans. Pourquoi n'ai-je pas appris l'arabe à Tunis? Question purement rhétorique. Dans le milieu des petits fonctionnaires français, cela ne se faisait pas. Des fragments de phrases suffisaient pour demander que la porte soit fermée, que la main du mendiant se retire, que l'ordre soit exécuté sans tarder.

Dans le Tunis que j'habitais, il n'y avait pas de métro. Berlin, Londres, Paris, Montréal et Toronto, je ne peux les imaginer sans ces trains, ces couloirs plus ou moins sales, les escaliers, les stations, les odeurs souterraines si caractéristiques.

Mais Tunis? De mon temps, on marchait dans la ville.

Je sors du HLM, dernier bâtiment sur l'avenue Jules-Ferry, aujourd'hui avenue Habib-Bourguiba. Si je tournais à droite, j'arriverais au port que je regarde tous les matins de la fenêtre de ma cuisine. Devant moi, un train de banlieue, peint tout en blanc, quitte la petite gare en face de l'immeuble.

Je tourne à gauche, en route vers le Marché central. Il est huit heures. Je n'ai pas beaucoup d'argent, mais le marché est un des grands plaisirs de ma journée. J'achèterai des merlans peut-être, des artichauts, des petits pois. Trois kilos que je passerai près d'une heure à écosser, tranquillement assise.

D'après mon expérience, il n'y a qu'à Tunis qu'on écosse les petits pois si tendres et si sucrés — partout ailleurs on les achète en boîte. Sucre ajouté.

Des fruits
encore des fruits
tous les matins
les couleurs de la vie
se greffent
un peu plus aux fibres de mon cœur

Venue de Berlin, ma mère aperçoit de la
fenêtre de la cuisine un docker en train de
maltraiter son mulet. Déjà elle descend,
convaincue de pouvoir lui faire entendre
raison. Je doute qu'elle ait amélioré le sort de
l'animal.
C'est à moi qu'elle apprend à ne pas avoir
peur, à m'insurger quand cela paraît nécessaire.

Elle encore. Mon fils, deux ans à peine, s'est pris d'amitié pour le mendiant estropié qui déambule sur une planche à roulettes, fabrication maison, sur le terre-plein de l'avenue Jules-Ferry. Il court se jeter dans les bras de cet homme, l'embrasse, s'étonne de sa barbe, de ses haillons, l'embrasse encore. Assise sur un banc, ma mère, cette grande dame berlinoise, observe en souriant l'enfantin baiser au lépreux.

Je n'ai pas de photo de ma belle-mère. Peut-être parce que je ne l'aimais pas, peut-être parce qu'elle n'aimait pas qu'on la photographie. Ou alors ces images d'un autre temps se sont perdues pendant un déménagement ou un autre.

Mais le souvenir vit en ce qu'on en dit, écrit. C'est elle, la Corse, employée des postes à Foum Tatahouine puis à Tunis, qui ne figure dans aucun de mes albums, que je ne retrouve dans aucun de ces cartons à chaussures où s'entassent, pêle-mêle, les instantanés du passé. Elle rit, elle se fâche, elle dit du mal des autres. Elle m'apprend à faire de la mayonnaise, une sauce, un flan. Elle m'apprend à aimer les légumes, à étendre le linge sur la terrasse du toit, blanc contre le ciel bleu. À être ménagère. Femme de maison.

«Vous, Marguerite, me dit-elle, vous êtes habituée au luxe et à la dépense.»

Il y a comme ça des mots, des phrases qui restent avec nous pour toujours, qui refusent de tomber dans le capharnaüm de l'oubli. J'aurais pu la contredire, parler des affres de la guerre, de la grande simplicité de ma mère, de la frugalité de mon père mis à la retraite forcée par Hitler. Cela n'aurait servi à rien. Elle ne m'aurait ni crue, ni comprise. Et aujourd'hui, je n'aurais pas cette phrase pour me faire rire: « ...habituée au luxe et à la dépense».

Ce n'est pas le *jerbien* dans sa petite épicerie d'Ez Zahra, ni l'amant juif de l'été 1955, ni le marchand de beignets de la rue de la Poste,

— assis en tailleur sur la plate-forme de son fourneau recouvert de carreaux de faïence à dessins jaunes et bleus, et hop! il jette une rondelle de pâte dans la grande bassine remplie d'huile bouillante, la fait tourner à l'aide d'une tige de fer, la retourne, la sort, la frotte dans un grand bol de sucre, en enveloppe un côté d'une feuille de papier, me tend en souriant cette friandise toute chaude — non, c'est elle, cette petite femme du peuple, Clémentine Muracciole, économe, énergique, drôle et parfois méchante, qui, finalement, m'apparaît comme l'Autre et satisfait en moi toute envie d'exotisme.

Désorientée devant elle, je vis sans m'étonner le pays d'accueil.

Beignets sucrés, briques à l'œuf ou au thon, merguez, casse-croûte — pain, huile d'olive, câpres, tomate, thon, œuf dur, olives noires — un verre de citronnade dans lequel on trempe une biscotte aux amandes...

Fast food à la tunisienne, délices pour quelques sous.

J'ai toujours aimé manger dans la rue, sur le pouce, sans trop me soucier d'hygiène et en faisant confiance au marchand.

Je descends l'avenue Jules-Ferry qui devient l'avenue de France. Là où le terre-plein se fait marché aux fleurs, je ralentis le pas. Le bonheur du spectacle m'envahit. Nul besoin d'ouvrir une porte de magasin avec le but précis d'acheter un bouquet. À l'ombre des grands arbres, les marchands bavardent. Certains restent tranquillement assis, d'autres arrangent leurs étals multicolores. Toute cette splendeur est gratuite. Certes, tel marchand aimerait me vendre quelque chose, tel autre échange en souriant quelques paroles avec moi. Je suis à l'aise, ils le sont, rien ne presse. Plus tard, au retour des souks, je choisirai peut-être quelques anémones.

Le marchand de parfums et de khôl appelle sa fille, qui m'instruira dans l'art d'appliquer cette fine poudre à l'aide du bâtonnet de bois souple — que je possède encore aujourd'hui, après tant d'années.

Le temps s'arrête, même si les aiguilles de ma montre continuent de tourner. Je n'ai qu'à penser à la boutique du Souk Atterrine et j'ai de nouveau vingt-deux ans.

Le costume du Tunisien me plaît dans sa
souplesse
me fait sourire de la définition sévère du
vêtement occidental

Drapé, coupé, cousu, brodé
vieil héritage
venu du monde antique
le mouvement et l'immobilité
lui donnent permanence et grâce
dignité sans ridicule

le corps de l'homme se love
dans les libres plis du tissu lisse et doux

Je me trouve dans un magasin de chaussures, avenue de France, lorsque j'entends pour la première fois — nous sommes en 1953 — le *Bourguiba! Bourguiba!* d'une manifestation, vois pour la première fois une colonne de marcheurs indépendantistes, leurs pancartes, leur banderoles.

Au déplaisir de leur père, mes fils imitent le chant rythmique.

Mal informée, ignorante de l'histoire de ce peuple et de toute politique, je vis l'expérience comme une chose curieuse mais qui ne me regarde pas. Plus tard, en scandant moi-même des slogans lors de nos marches contre la guerre du Viêtnam et de nos manifestations féministes, je m'en souviendrai.

L'attestation ne donne pas d'adresse. Elle certifie que j'ai fait des études à l'Institut des Hautes Études de Tunis qui m'a, en juin 1953, décerné un Certificat d'études littéraires générales.

J'ouvre le plan de la ville acquis en 1999, l'étale sur mon bureau torontois. J'ai du mal à y trouver cette institution, point de départ de mon indépendance.

J'habitais alors la banlieue, mais, accourue encore une fois de Berlin, ma mère gardait mes fils afin que sa fille puisse s'instruire. Deux jours par semaine, je me rendais en ville suivre des cours. Je me rappelle un bâtiment gris, une odeur d'école. Je regarde encore une fois le plan, cherche mais en vain, le replie, contrariée. Le cartographe aurait-il effacé l'établissement? Celui-ci n'existe-t-il plus?

Alors que je cesse d'y réfléchir, le miracle proustien se produit. Tout prend forme, surgit de «l'édifice immense du souvenir».

Automobiles, charrettes à bras, chameaux, vélos, marchands ambulants, bourricots, mendiants professionnels et piétons pressés, la vie de la ville veut me happer, la rue de la Kasbah m'attire, moi qui dois dans quelques minutes m'asseoir avec d'autres sur les bancs de cette école.

Je cherche à garer la voiture près de la place de la Victoire. Y aurait-il une place rue des Tanneurs? Ou bien à droite, rue des Salines? Eurêka! devant moi — il n'y a pas de doute — l'édifice, ses escaliers, son odeur.

Je me gare tant bien que mal.

Deux profs français nous harcèlent de leur remarques critiques, nous affolent. Une Allemande, Mme Memmi, épouse du grand Albert, m'encourage.

Lectures, travaux écrits, lectures encore. Je ne prends pas le temps de dire à ma mère que sans elle je n'y arriverais pas.

C'est à Tunis que tout a commencé, même les études.

EZ ZAHRA

Vie méditerranéenne
sol rouge
lie-de-vin
blanc
palmiers dattiers ou d'ornement
taillés avec régularité
filigrane des palmes
gris et argent
des oliviers
dans le sol ocre
luxe des fruits
de la terre fertile
bleu de l'eau et du ciel
harmonie
apaisant les tumultes
du cœur
tant d'années plus tard
encore

L'âne trotte au rythme des coups de talon dont son maître — habillé de la *djellaba* bleue que Macke, le peintre allemand, sut si bien rendre — lui martèle le flanc. Déjà il s'éloigne.
C'est le printemps. Je marche avec mes deux enfants sur le chemin de terre qui nous amènera à Hammam Lif. Nous avons l'intention de faire l'ascension du Bou Kornine, extravagante idée qui me rappelle les promenades dominicales en compagnie de mon père, dans les forêts entourant Berlin.

Nous y cueillerons des cyclamens sauvages, bien plus petits que les cyclamens de chez les fleuristes des pays du Nord et d'un rose tellement plus léger.
Je sais, les gamins arabes en vendent de gros bouquets, mais le plaisir de cueillir ces fleurs sera inoubliable. Mon fils me le dit, quarante ans plus tard.

En redescendant à travers les arbres qui couvrent ce mont tutélaire, j'ai tout à coup le vertige. Perdre l'équilibre ici, à même pas 600 m d'altitude, alors que les pentes des Alpes ne m'ont jamais fait peur?

Vite, retournons à la mer paisiblement étendue.

En commençant sa lente descente vers l'horizon, le soleil crée à la surface de l'eau un étincelant miroir vénitien dans lequel personne ne songe à se mirer; le spectacle est trop grandiose. Toujours de nouveau nous en sommes satisfaits. Impossible de s'en lasser.

Me voilà avec ma vieille Peugeot dans une
plate-bande de mille cactus miniatures, trésor
du proviseur de l'école secondaire de Radès
où j'enseigne
où j'apprends à enseigner
où j'ai peur d'enseigner
peur de me trouver devant une classe
de trente garçons qui ne sont plus imberbes
Le ressort du câble de l'accélérateur s'est cassé
miracle que je n'aie endommagé que des
plantes
robustes comme les élèves qui en la soulevant
sortent la voiture de son stationnement
imprévu
interdit
et qui dorénavant seront mes camarades

Se souviennent-ils de moi
vingt-quatre ans et maigre comme un clou
en train de déchirer en 1953 d'un seul geste
le paquet de cartes
des quatre joueurs au fond de la classe
longue comme un couloir
Prouesse dont je continue à me vanter
fière
fière aussi d'avoir vécu dans leur pays
où désir
réalité et rêve
coïncident

Jours de sirocco
en Tunisie
jours de tempête de neige
au Canada
vent froid
poudrerie de neige
vent chaud
soufflant du sud
charriant du sable
40° ou moins 40°
les deux m'enferment
je me laisse faire
j'écris à ma mère
mon père
je lis
j'écris
coupée de l'extérieur
je me soumets
aux caprices des climats

Les soirs d'été
à Ez Zahra
je baignais mes enfants
dans une bassine
remplie d'eau
chauffée au soleil
se souvenir remplit le corps de douce béatitude

Ce ne sont pas des arbres dont on toucherait
l'écorce. À moins de l'avoir appris tout jeune,
on n'y grimpe pas. Mes enfants, petits
Européens, n'ont jamais grimpé dans un
palmier. Le grenadier du jardin a l'air revêche,
les branches du figuier ne supporteraient pas
leur poids. Même le bougainvillée a des épines.
Mais les regarder... le rouge pourpre des fleurs
contre les murs blancs... les feuilles du figuier
comme de larges mains douces... le tronc du
palmier, une sculpture.
J'écoute le léger froissement de ses feuilles qui
jouent à l'éventail au moindre souffle du vent.

Encore les chèvres
aucune menace n'y fait
il faut qu'elles grignotent
au passage
les géraniums couvrant la clôture
du jardin
j'accours
je hurle
où dans ce paradis terrestre s'arrête ce qui est à
moi?
le jeune berger sourit de ma fureur

Le vent chaud souffle
depuis trois jours

Nous versons de l'eau sur le sol carrelé
la couche sera de céramique et d'eau
un drap trempé m'enveloppe
je dors

Depuis je peux dormir n'importe où

Se lever tôt le matin
se mettre au travail
prendre le déjeuner
puis faire la sieste
se coucher sachant que la journée n'est pas
terminée
se lever vers 16 heures
la bouche un peu pâteuse
manger un fruit
prendre une douche
recommencer à vivre
le bonheur de la sieste
c'est qu'elle double la journée

Il pleut. Il pleut depuis des jours. Les routes sont devenues des mares. Mer et ciel semblent vouloir se rejoindre en ce mois d'hiver.

Trois marches en ciment mènent au seuil de la maison. Depuis midi, il n'y en a plus que deux. Et l'eau continue à monter.

Ravis, mes fils font naviguer les petits bateaux en papier que je plie pour les distraire.

L'eau va-t-elle entrer chez nous? J'ai enroulé et placé haut la natte en jonc achetée à *Nabeul*, le petit tapis de Perse, cadeau de ma mère, vidé le rayon inférieur de l'étagère qui abrite les classiques français dont mon père s'est séparé pour moi. Lis, m'a-t-il enjoint dans sa lettre, comme s'il y avait un danger, comme si j'allais renier ce qui depuis l'enfance m'enchante.

C'est lorsque l'eau s'apprête à atteindre la troisième marche, que le vent la pousse à envahir ce qui me semble l'ultime limite, que le déluge cesse. Un silence miraculeux s'installe. Nous dormons dans le désordre. Au petit matin de ce mois d'avril, je sors, inquiète de mon figuier, du pied de vigne. Aucune catastrophe. La terre a bu, simplement. Quelques feuilles traînent par terre, sont vite ramassées.

L'asphalte de la route est strié de boue sablonneuse. Déjà le soleil se pointe, bientôt tout sera comme avant.

J'ai plus ou moins oublié les journées grises vécues à Ez Zahra, le froid, l'horrible poêle à pétrole censé chauffer la caverne du père Barbu, notre propriétaire. Car c'était bien une caverne, haute et solidement carrée, dans laquelle l'hiver pouvait s'avérer difficile malgré la frise de gros citrons jaunes que l'ancien cheminot — amateur de fruits mais sans talent artistique — avait peinte en haut des murs. Les jours de pluie, je pleurais de cette laideur sans même trouver le courage d'aller à la mer que je savais grise et froide, elle aussi.

La nuit, au loin, un chien aboie, un autre encore. Toute une chorale se manifeste. Le nôtre ne répond pas, comme s'il connaissait les limites entre les classes sociales, entre chien et chien, français et arabe.

En réalité, il n'est que bien dressé. Dédaigneux de ceux qui ne le sont pas.

Ballet du crépuscule estival, les *tarentes*
courent sans faire le moindre bruit le long du
plafond et des murs de la véranda, à la
recherche d'insectes, de mouvement, de plaisir
peut-être.
Ombres grises, graciles, fragiles, insaisissables.
Quarante ans plus tard, à Ottawa, mon petit-fils
en achète une dans une animalerie,
l'emprisonne dans une cage en verre, s'étonne
lorsque l'animal se sauve pour créer sa
demeure solitaire derrière une rangée de livres
dont il ne sortira que pour manger de tout
petits criquets achetés pour lui.
Je l'apprivoise, me dit Antoine du haut de ses
dix ans.
C'est plus tard, je pense, qu'il comprendra la
liberté.

Le voisin est marchand de tortues. Parfois, des
milliers de petites tortues grouillent pêle-mêle
dans son jardin entouré de murs pour elles
infranchissables. Parfois encore, de plus
grandes tournent en rond dans une sorte de
piscine en fer-blanc. Seraient-ce des tortues
comestibles?

Je m'éloigne. Je suis trop préoccupée par mes
propres soucis quotidiens, par ma noria de
ménagère — lavage, repassage, ménage,
cuisine — pour m'intéresser au triste sort de
ces animaux.

Mais comment et où ont-ils été expédiés? Vers
quel jardin, quelle chambre d'enfant ou quel
abattoir? Leur chair est-elle devenue potage?
Leurs carapaces objets de luxe?

Comment devient-on marchand de tortues?

L'habitation est en tôle ondulée, à même le sol, s'appuie d'un côté contre le mur entourant un jardin.

J'ai besoin de Fatma, je suis venue le lui dire. Asseyez-vous, me dit le père et m'avance un petit tabouret.

L'art de verser le thé. La mère de Fatma lève haut la théière, la fait redescendre, répète plusieurs fois le mouvement rapide et mesuré. Le liquide fait un petit bruit, un peu de mousse se forme en sa surface, pas une goutte ne tombe à côté. Le thé est chaud dans le verre au bord préalablement trempé dans du sucre.

Ô cette grâce de Fatma, son sourire quand elle vient m'aider à faire la lessive, me garde les enfants.

Un été — mon dernier été à Ez Zahra je crois
—, comme pour mieux le fixer dans mon esprit,
la vigne du vieux Barbu se met à courir le long
des murs et du plafond de la véranda aux
multiples usages — garage, buanderie, salle à
manger et salle de jeux.
Cet août-là, elle devient pays de cocagne: des
centaines de grappes de raisin muscat
demandent à être cueillies.
Depuis, j'ai eu d'autres jardins. Mais jamais plus
je n'ai vécu une telle abondance.

Retour à Ez Zahra en mai 1964. La porte du jardin est cadenassée. Il n'y a plus de chemin de terre menant à Hammam Lif. La plage a perdu sa beauté. Il vaut mieux s'en aller.

Dans ma mémoire, la plage est restée blanche, l'été hors du temps. Il n'y a ni algues, ni goudron. Mes fils jouent au bord de l'eau infiniment limpide. Couchée à même le sable fin, je lis sans les perdre des yeux. Je les entends, j'entends le chuchotement de la mer.

À quelques pas de là, la boulangère italienne continue d'accepter les plats — gratins, pizzas, lasagnes —, de les faire cuire pour presque rien dans son four à bois pendant que les femmes et leurs enfants sont à la plage.

J'ai beau être malheureuse, la vie à Saint-Germain est belle.

INTERLUDE

Saurai-je parler de lui
Ada
juif tunisien rencontré sur le paquebot
Marseille–Tunis
toute une nuit de désir
à nous couper le souffle
bel été
cet été de 1955
avec les enfants
l'amie
l'amant
d'une beauté biblique
d'une gentillesse désarmante
qui apprivoiserait
de son regard de velours
la femme la plus craintive

Combien de fois n'ai-je rêvé, plus tard, que le bateau allait quitter le port sans moi? Je cours dans les dédales des rues de Marseille, je me perds à Tunis dans les rues du quartier italien. De nouveau le paquebot fait entendre son sombre signal, je sais où est le port, je suis sûre de son existence, de sa proximité, je veux y parvenir et j'en suis incapable, je cours, je cherche

le désir du voyage est incommensurable comme celui du bonheur.

Ada
moi
Ahmed
l'amie
embarqués dans un été où
nous ne parlons ni politique ni injustice ni
indépendance
Amilcar, Gammarth, Carthage, La Goulette,
La Marsa
soleil, bains de mer
le temps s'arrête
nous faisons l'amour
la nuit
sur le sol encore tiède de la journée

Toute à ma joie d'amoureuse, je lève les yeux vers la belle façade du Théâtre municipal et, hop! me cogne le nez contre un lampadaire. Je ris de l'accident. Je n'ai pas mal.

J'en ris encore aujourd'hui quand une rhinoscopie révèle qu'une malformation est la cause de ma sinusite plus ou moins permanente. Ainsi, même le bonheur laisse ses cicatrices. Je m'en réjouis. J'aurais payé plus cher encore pour l'euphorie de cet été-là.

La sœur d'Ahmed se marie. Nous sommes invitées à la célébrer dans la maison blanche de ses parents, à Sidi Bou Saïd, village fondé par de saints marabouts. Gide, Klee, Macke, Européens en quête d'inspiration, y sont venus se recueillir.

J'entre par la porte cloutée. Curieuse, oui, intruse.

Il y a du bruit de fête et en même temps, il y a comme un silence. C'est une maison qui ne semble exister qu'à l'intérieur.

Les moucharabiehs tamisent la lumière venant de la rue, la changent, l'adoucissent.

Les femmes ululent pour signaler l'arrivée des étrangères. Elles sourient, nous offrent des friandises aux amandes, aux pistaches, au miel et à la fleur d'oranger, nous servent café, thé à la menthe, eau fraîche des *gargoulettes* dans de grandes tasses en poterie de *Nabeul*. Il faut boire, il faut manger. C'est la fête.

L'orchestre *malûf* remplit chaque pièce de sa musique. Les ventres tournent, les hanches roulent. De petits garçons jouent du *darbouka,* leurs sœurs agitent de minuscules timbales en cuivre. C'est l'extase.

L'odeur d'un feu de bois monte de la cour où l'on fait cuire un agneau. Se mêle à celle de l'encens qui, à l'intérieur, chasse les mauvais esprits.

La terrasse en haut du toit donne sur la mer bleue contre laquelle se découpe la cascade blanche des maisons du village. Des cyprès presque noirs. De gigantesques aloès se dressent contre le paysage, le transpercent comme pour indiquer le douloureux chemin du ciel.

Et toujours la musique.

Avons-nous vu Zobeidah la mariée? Je ne sais plus. Dans mon souvenir, elle disparaît dans l'agitation joyeuse qui durera trois jours.

Aucune agitation dans le hammam, rien que de la douceur. Parfois un rire. La grande salle sent un peu la muraille humide. Les femmes bavardent en petits groupes, tout en se lavant, en se frottant au gant de crin.

Dans la salle du bain de vapeur, je goûte le sel de ma sueur sur mes lèvres, ma peau. Je suis nue, Zobeidah et Marianne sont nues, toutes les femmes le sont, les maigres, les grasses, toutes sont belles. Nos sueurs se mélangent dans l'eau qui les emporte.

Plus tard, les femmes se massent mutuellement, se versent de l'huile dans la main pour en oindre le corps de l'amie.

Plus tard encore, nous nous allongeons sur des matelas posés le long des murs de la salle de repos.

J'écoute le silence
rythmé par le jet d'eau
qui d'une fontaine monte au plafond
et retombe.

Jerba la douce

île depuis toujours occupée
les Puniques d'abord, les Français plus tard
lieu visité depuis toujours
Ulysse s'y nourrit des fruits du lotus
les gens du Nord y courent pour se bronzer

Nous
un Arabe, un Juif, deux Européennes
devant *la Ghriba*, haut lieu du culte judaïque

Dans la mer si bleue se reflètent les barques
aux couleurs vives et les murailles blanches

Je lis dans un guide que l'île compte 1 500 000
palmiers et 600 000 oliviers
Est-ce possible? Qui les aurait comptés?

Ce qu'il faut savoir, c'est qu'il y a là des arbres
centenaires, silhouettes dignes comme celles
des hommes et des femmes qui vivent
paisiblement sur ce bout de terre paradisiaque,
vrai jardin d'Éden rempli de soleil et d'ombre,
de chaleur et de fraîcheur

Évoquer l'exaltation, la traversée du Jebel
Dahar sans tomber dans «la langue du
pittoresque... menteuse[2]».

Fous de chaleur, de soleil, nous voyageons
dans un paysage grandiose. J'ai l'impression
d'avoir mangé du sable, d'en avoir frotté ma
peau malgré les châles et serviettes dont Ada
m'avait enveloppée. Comment la jeep a-t-elle
pu continuer à fonctionner?

Au marché de Ben Gardane, je prends des
photos du boucher et de sa viande de chameau
— La bosse, me dit-il en riant de ma surprise,
c'est le morceau le plus tendre.

Par terre, de beaux sacs à grain, beiges, bruns
et gris, tissés à la main.

Dans la cour d'un *ksar*, un rouet fait avec une
vieille roue de bicyclette attend. Inactif. Un
tourniquet de cartes postales est immobile sur
son axe rouge. À l'intérieur d'une *ghorfa*, une
fillette travaille à un tapis.

Nous sommes en route vers Douz lorsque nous
nous trompons de piste et arrivons à Matmata
où nous calmerons la fièvre du désert dans les
chambres de l'hôtel souterrain.

Alors que les mirages s'éloignent, disparaissent au bout de la route, El Jem se précise à l'approche des voyageurs. S'impose. S'élève. S'étire.
Immense monument circulaire, elliptique. Amphithéâtre romain dans une steppe africaine, devenu forteresse au temps de la Kahéna, farouche Jeanne d'Arc berbère qui anima les luttes de son peuple contre l'invasion arabe. Incroyable témoignage de l'histoire ancienne parfois si facilement oubliée, énigme ébréchée, inexplicable, qui en moi devient tatouage, amulette, image indélébile sur la rétine.

Si jamais la vie me ramenait à Carthage, j'y rapporterais l'objet volé, petite amphore en terre cuite, au ventre troué, ramassée dans l'élan d'une visite, en 1955 encore, été de l'exubérance.

Aucune surveillance. Nous étions seuls: moi, l'amie Marianne et mes deux enfants. Nous explorions une cave remplie essentiellement de «débris sans importance», disais-je à tort. Car aujourd'hui encore j'ai honte de mon geste furtif: je saisis l'objet, l'enfouis dans un couffin avant d'aller m'asseoir sur une muraille des thermes d'Antonin que Marianne plus tard devait peindre pour moi dans des couleurs fortes, violentes même.

L'amphore repose maintenant dans l'armoire vitrée du salon, meuble ridicule trahissant mes origines bourgeoises. L'envie me prend de la confier à la poste, de la retourner là où elle devrait être. Seule la paresse me retient.

Je n'ai pas voulu entrer dans une mosquée.
D'ailleurs l'appel du muezzin ne s'adressait pas
aux femmes.
Certes, j'aurais pu y entrer aux heures permises.
Comme dans un musée que l'on visite par
devoir, par curiosité.
Mais je n'aime pas pénétrer dans les lieux de
prière des autres, moi qui ne connais pas la foi.

En longeant leurs murs sans fenêtres, j'ai
imaginé à l'intérieur des mosquées des salles
fraîches et silencieuses, propices au
recueillement.

À Kairouan, j'ai fait couler de l'eau fraîche
puisée dans le blanc bassin des *Aghlabides* sur
les veines bleues à l'intérieur de mes poignets.

Dans les jardins de mon enfance européenne, les cerisiers dominaient le printemps. À Berlin, leur floraison, la *Kirschblüte* du mois de mai, se célèbre dans l'enthousiasme populaire.

Est-ce pour cette raison que la coupe de cerises sur mosaïque vue à El Jem m'enchante tant? Au même endroit, j'admire cet autre chef-d'œuvre fait de milliers de pierres, «la Déesse Africa».

Créées il y a plus de vingt siècles, les mosaïques d'El Jem font depuis ce jour partie de mon musée imaginaire.

La symphonie des mots et des lettres. Langue entendue dès le premier jour et jusqu'au dernier.

L'écriture apparemment sans angle, tracée d'un mouvement régulier, semi-circulaire. Quelques tirets, des points. Le moindre graffiti une œuvre d'art. Mystérieuse, puisque je ne la comprends pas, ne la lis pas. Beau mystère que j'aime, que je ne veux pas élucider.

L'aurais-je étudiée autrefois, au *ribat* des femmes à Monastir, seule résidence de lettrés et de croyants à admettre les femmes, à partir du IXᵉ siècle? D'après le Prophète, la félicité éternelle m'en aurait été assurée.

Mais je me connais. Même là, j'aurais trouvé moyen de faire l'école buissonnière.

Alors je me contente de la regarder aveuglément, cette écriture, lui permets de me fasciner par sa beauté.

Dans le métro torontois, au marché central de cette ville canadienne multilingue, j'entends parfois de l'arabe. Des bribes, qui me font sourire, me déplacent le temps de me souvenir.

Le blanc est
silence absolu
selon Kandinsky
qui fit du blanc
la couleur la plus frappante
de ses toiles tunisiennes
Les murs de Kairouan
ceux de la Ghriba à *Jerba*
Sidi Bou Saïd
Hammam Lif
Ô
ces murs blancs
peints au lait de chaux
vus de la terrasse à Tunis
de n'importe quelle terrasse
Silence
Parfois le cri lointain
d'un vendeur ambulant
un rire de femme heureuse
silence de l'âme
apaisement total

Espace sans limite
ma Tunisie
derrière elle toute l'Afrique
Abokobi
Addis Ababa
venue d'un continent sur lequel villages et
villes se suivent
où la modernité réduit quelquefois l'importance
du passé
j'ai vécu ici la rencontre avec un autre temps
sans calendrier
Carthage n'a pas été détruite puisqu'elle existe
dans la Médina
l'ombre est aussi importante que la lumière

Amie extraordinaire, écrira-t-elle plus tard.
Extraordinaire? Comment? Pourquoi?
Ce qui me vient à l'esprit, c'est ma façon
d'ignorer la peur — de la guerre, des maris
violents, de l'âge — je m'en suis sortie, m'en
sors encore sans trop de mal. Aurais-je pu
rendre ma vie plus lumineuse?
Je poursuis la lumière depuis Tunis, me
semble-t-il, c'est là que j'ai appris à apprécier la
clarté et ses nourritures terrestres.
Depuis, personne n'a réussi à m'enfermer, du
moins pas pour longtemps. Mais halte là!
L'orgueil, me disait mon vieil humaniste de
père, est dangereux!
Farouche plutôt qu'extraordinaire, voilà ce que
je suis, farouchement solitaire comme lorsque je
nageais, au loin, à Ez Zahra. Rien de plus.

APRÈS

J'ai quitté la Tunisie en 1953. Sans les enfants que leur père gardait en otage. Épuisée par un mariage qui ressemblait à un emprisonnement, femme battue incapable de me défendre sur place, j'ai été chercher à Berlin l'aide de mes parents.

C'est au moment de l'Indépendance qu'on m'a permis de reprendre mes fils, en décembre 1955, alors que leur père devenait, à son tour, une personne déplacée.

Depuis, la vie m'offre de brefs retours. 1965. 1972. Y en aura-t-il d'autres? De toute façon, le mirage est permanent. La Tunisie revient dans mes rêves, meuble mon imaginaire. Elle m'accompagne dans ma réalité. De temps à autre, je sers la *khémia* à des invités, leur prépare un couscous. Quelques photos, des livres, des disques, quelques bijoux, un tapis, sont témoins de l'expérience vécue dans un lieu de grands et de petits délices.

Du plafond de ma chambre descend un invisible fil de nylon qui tient une cage d'oiseau, bleue et blanche, vide et incroyablement gracieuse.

Lentement, j'ai refait mon existence autrement et ailleurs. Embarcation nolisée, j'observe les amers qu'elle maintient en moi.

Sur la porte d'entrée de mon appartement au dernier étage du gratte-ciel que j'habite à Toronto, j'ai fait peindre un bouquet de jasmin. Parfois on me demande des explications et je prends alors sur une des tablettes de l'armoire vitrée le bijou floral tout fané. Une centaine de petites fleurs blanches maintenant jaunies, une par une montée en épingle sur de fines tiges de palmier. Un fil rouge les encercle. Séchées, elles ont perdu leur parfum, mais j'entends encore la voix du vendeur passant entre les tables du café, vois le jeune garçon me tendant le chef-d'œuvre brodé, pris sur le plateau en paille rempli de ces trésors.

Toute la soirée, je tenais le bouquet à la main, le portais à mes narines, humais son parfum inoubliable.

Je me suis efforcée de parler ici sans sentimentalité ou démesure. J'ai voulu évoquer une partie de mes jeunes années afin de retrouver le commencement du fil de ma vie d'adulte. Si j'ai embelli rétrospectivement ce que j'ai vu en Tunisie, c'est parce que je n'ai jamais pu oublier son absolue beauté. Le temps n'a pas aboli l'émerveillement. Il l'a décuplé, solidifié, en a fait une clairière dans la broussaille parfois si impénétrable des souvenirs.

Le paradis n'est donc pas perdu. Malgré la vie fragmentée, coupée en tranches, les drames occasionnels et douloureux, le travail parfois mercenaire, il reste accessible.

Le bleu y persiste, et le blanc. Ciel, sable, eau. Clarté.

Peu importent les détails du parcours, la boucle est bouclée.

Pourtant je n'ai pas tout dit. Il me semble que moi, mon corps, tout mon être est secrètement imbibé de mes années tunisiennes. Je peux en parler, mais pas pendant très longtemps. Profondément enfoui en moi, il reste un trésor, une source de beauté, de joie et de douceur que je ne partagerai avec personne. La Tunisie, c'est aussi mon secret.

«Vivre un pays, peut-être c'est se taire en lui[3].»

GLOSSAIRE

Addis Ababa - capitale de l'Éthiopie; en français: Addis Abéba

Aghlabide - dynastie musulmane du Nord de l'Afrique

chéchia - bonnet de laine rouge que portent les hommes

darbouka - instrument à percussion en terre cuite, recouvert d'une peau

djellaba - vêtement de dessus, à manches longues et capuchon, porté par les hommes et les femmes

Ez Zahra - ville de la banlieue sud de Tunis; au temps du Protectorat, elle s'appelait Saint-Germain

gargoulette - jarre en terre cuite

la Ghriba - le temple de Jérusalem fut détruit en 586 av. J.-C.; des juifs s'installent à Jerba et y construisent la plus vieille synagogue du monde, la Ghriba

ghorfa - construction semi-cylindrique dans laquelle on conservait le grain; la ghorfa est devenue une habitation

hammam - bains publics

Jerba - île dans la Méditerranée, oasis flottante

jerbien - en Tunisie, la plupart des épiciers sont originaires de Jerba; l'épicier tunisien s'appelle donc jerbien

khémia - des amuse-gueules

khumsa - figure emblématique, connue aussi sous le nom « main de Fatma »

ksar - rangée de ghorfas

malûf - musique arabe datant du VIIIe siècle

Nabeul - village de potiers et de fabricants de nattes

ribat - monastère fortifié, lieu d'enseignement universitaire

tarente - gecko

NOTES

[1] Madeleine Gagnon, *Le Deuil du soleil*, VLB, 1998.
[2] Albert Memmi, dans *Tunisie,* Gallimard, 1994.
[3] Albert Memmi, dans *Tunisie,* Gallimard, 1994.

Achevé d'imprimer
en octobre deux mille, sur les presses
de l'Imprimerie Gauvin, Hull, Québec